Est-ce que tu grimpes?

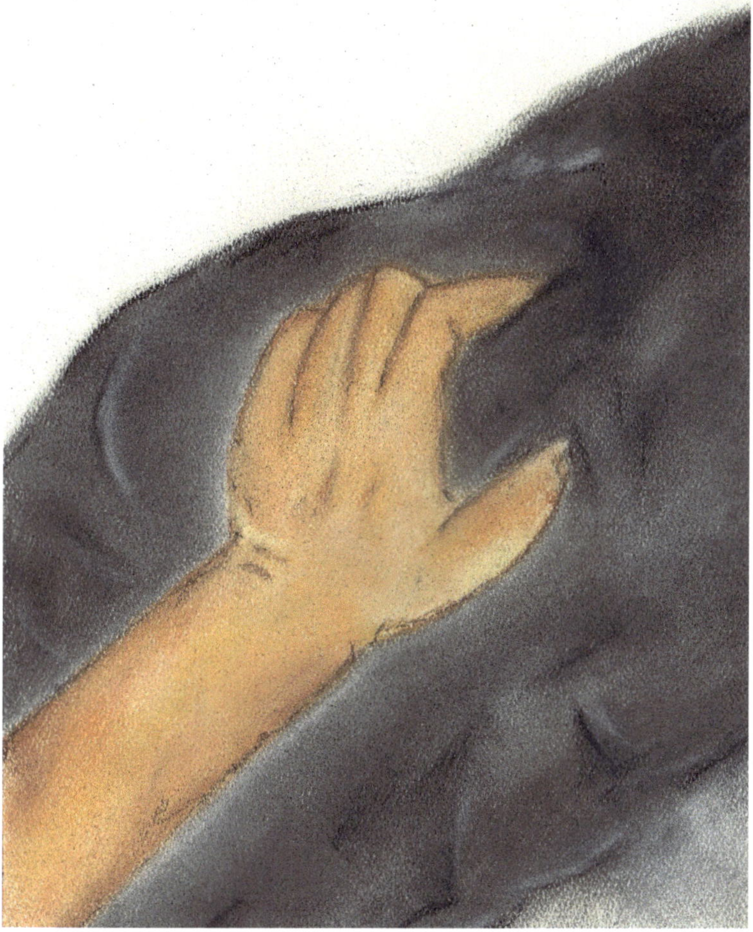

Isabelle Bernier

Est-ce que tu grimpes?

Collection *Sports*, volume 2

Isabelle Bernier

isabellebernierconnexion@gmail.com

Illustrations : Isabelle Bernier

Dépôt légal – Bibliothèque et archives nationale du Québec, 2018

ISBN : 978-2-9816809-5-2

Tous droits réservés. Toute reproduction d'un quelconque extrait de ce livre ou de quelque illustration par quelque procédé que ce soit est strictement interdite sans l'autorisation écrite de l'auteure et éditrice.

Magog, Québec

Est-ce que tu grimpes?

Isabelle Bernier

À tous les petits et les grands singes rencontrés : vous m'avez toujours impressionnée par votre agilité et votre détermination à aller encore plus haut, à devenir encore plus forts!

Depuis qu'on est tout petit- toute petite

Généralement, quand on est petit, on apprend à marcher et à faire toutes sortes de mouvements, des culbutes, quelques acrobaties et aussi à grimper.

Il est possible qu'on ait d'abord essayé de grimper en étant collé à nos parents, en s'accrochant à une jambe pour se rendre, peut-être, jusqu'à leur visage.

On peut aussi avoir grimpé en tenant la main d'un grand, pour aller un peu plus vite, pour ouvrir le réfrigérateur ou atteindre le plafond, dans la maison. Puis, un peu plus tard, en voulant conquérir tout ce qui monte, comme pour prendre un arbre d'assaut.

Enfin, peut-être as-tu visité, toi aussi, l'un de ces endroits où il est possible de grimper en hauteur et en largeur, sur des murs - un **gymnase d'escalade** - ou sur des parois de pierre – un **site d'escalade extérieur.** Petits et grands s'y rendent de plus en plus, car l'escalade et le plaisir de grimper gagnent en popularité.

Les types d'escalade

Il existe plusieurs types d'escalade, mais les plus populaires sont la voie et le bloc.

La voie

La voie est un parcours qui suit une progression, en montée, vers un **sommet** ou vers un **relais**.

Un **sommet,** c'est comme si tu arrivais au bout d'une route que tu aurais emprunté; c'est l'aboutissement de ton parcours.

Un **relais**, tu y arrives lorsque tu entreprends un tracé qui implique que tu devras normalement prendre une pause et faire quelques changements dans ta démarche avant de pouvoir continuer ta progression. Un **relais** comporte deux ou plusieurs étapes.

En escalade, les relais se font généralement sur de petites plateformes rocheuses et peuvent sembler plus ou moins périlleux (difficiles) selon la difficulté de la voie choisie.

Il existe des voies extérieures et des voies intérieures.

Voies extérieures

Les voies extérieures sont de plus en plus accessibles et variées. On les retrouve dans plusieurs régions, plusieurs pays et elles prennent formes dans des paysages de toutes sortes.

Parfois, elles surplombent une ville ou un village. Parfois elles se trouvent au pied d'une montagne et parfois aussi elles peuvent se trouver près d'un océan ou d'une grotte et en bien d'autres endroits encore. En parcourant les sites d'escalade, on peut découvrir de magnifiques lieux et des climats particuliers!

Pour s'y rendre, il faut parfois marcher. Ce qu'on appelle la **marche d'approche** peut être une aventure en soi : les parois sont souvent situées en plein cœur d'une nature bien vivante. C'est entre autres pourquoi il est agréable et bien important de s'y rendre accompagné d'une ou de plusieurs personnes avec qui on peut partager cette expérience de façon sécuritaire et amusante.

Le niveau de difficulté des voies extérieures peut être très variable. On en trouve des très faciles, des faciles, des plus ardues et des très difficiles aussi. Chaque type de voie peut te demander une préparation ou un équipement particulier en fonction de ce que tu comptes expérimenter.

Certains préfèrent commencer par grimper à l'intérieur parce que ça peut paraître un peu moins difficile ou impressionnant. Il est enfin possible qu'un gymnase d'escalade soit plus près de chez toi qu'une paroi extérieure.

Voies intérieures

Les voies intérieures sont généralement regroupées dans un lieu, comme un gymnase d'escalade ou un gymnase multifonctionnel (où l'on pratique plusieurs sports). On les reconnait aux prises qui sont fixées au mur.

Les prises sont ce qui te permet de poser la pointe d'un ou de tes deux pieds et que tu attrapes avec chacune de tes mains pour te propulser vers le haut, lorsque tu montes, ou horizontalement, lorsque tu fais une traverse (un parcours qui peut s'étendre de gauche à droite ou de droite à gauche).

Les prises

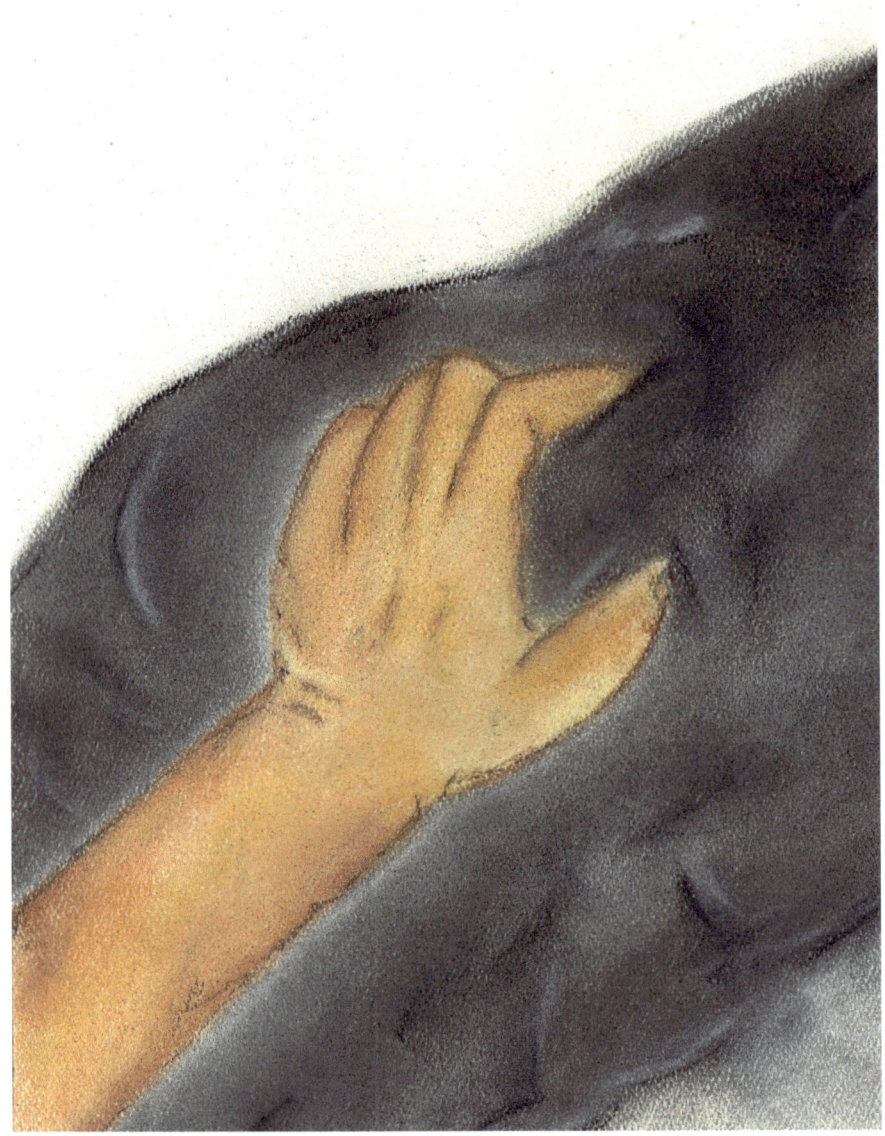

Dans un gymnase, on trouve les voies qui nous conviennent en identifiant leur niveau de difficulté (généralement bien indiqué). Il arrive, cependant, qu'on décide de grimper l'une de ces voies parce qu'elle nous inspire, sans trop chercher sa cote (son niveau).

Les prises fixées aux murs sont colorées et peuvent être plus ou moins grandes, d'angles et de formes uniques afin de pratiquer et d'explorer différents mouvements.

Les murs peuvent aussi prendre l'apparence de parois verticales et plates, sinueuses ou encore en angle, ce qui demande davantage de force et de pratique.

Un **gymnase** d'escalade assure une certaine variété dans les niveaux de difficulté des voies afin de permettre à de nombreux grimpeurs de s'y pratiquer et d'en apprendre chaque fois un peu plus...en s'amusant!

Deux façons de grimper une voie

Tout d'abord, pour grimper une voie, tu dois être muni d'un **harnais**, de **chaussons d'escalade**, d'un **mousqueton** avec un **ATC** (dispositif de sécurité), d'un **sac à craie** (de la **magnésie**) et, si tu grimpes à l'extérieur, d'un **casque**. Une **corde d'escalade** te servira d'attache et sera reliée entre toi et l'assureur, celui qui prendra soin de ta sécurité au sol, au moyen d'une technique spécifique.

L'équipement

1. Moulinette

Grimper en moulinette est la première technique que l'on expérimente, normalement, en escalade. Lorsque tu grimpes en moulinette, tu progresses, en hauteur, sur un tracé qui te permet de te concentrer uniquement sur le **positionnement de tes mains et de tes pieds.** Il te faut, bien sûr, placer ton corps en **équilibre** et découvrir les mouvements qui te permettent de bien monter. Il te faut aussi prendre le temps de bien placer ta **corde d'escalade** afin qu'elle reste devant toi et respecter les consignes qui te sont données.

Grimper en moulinette

Il est possible de t'arrêter en cours de route et de prendre une pause dans les airs, assis dans ton **harnais**, si tu en ressens le besoin. Il peut arriver que tu souhaites redescendre avant d'avoir atteint le sommet; en moulinette, il est assez aisé de le faire.

Cette première façon de grimper peut te paraître facile, elle peut représenter un défi ou encore te sembler difficile. C'est toi qui déterminera le rythme auquel tu souhaites avancer, accompagné(e), bien entendu!

2. Premier de cordée

Grimper en premier de cordée ou « en tête », comme on appelle, représente une autre étape dans ton expérience de l'escalade. C'est une façon de progresser qui te demande de transporter, accrochées à ton **harnais**, des dégaines.

Une dégaine est composée de deux **mousquetons** et d'un cordon qui les relie. Elle sert à sécuriser ta position lorsque que tu montes le long d'une voie. Normalement, une dégaine est accrochée à chaque fois que tu croises un **point d'ancrage**. Tu y insères ta **corde** (on t'aura enseigné comment le faire, car c'est particulier), puis tu continues de monter, jusqu'au prochain **point d'ancrage.**

Grimper en premier de cordée

On te le répétera souvent : il est vraiment important de « clipper », comme on dit, en plaçant ta dégaine, puis ta **corde**, avant de continuer à progresser vers le haut. Tu ne devrais normalement jamais dépasser un **point d'ancrage** avant d'avoir pris le temps de compléter cette étape. C'est crucial pour ta sécurité, même si un assureur te couvre au sol.

Lorsqu'on grimpe en tête, l'attention est donc partagée entre l'installation de tes dégaines et le **positionnement de ton corps, de tes pieds et de tes mains**. Cette pratique peut susciter davantage de stress ou d'émotion, dépendant de ton expérience et de ce que tu désires expérimenter/accomplir.

Au **gymnase**, les dégaines peuvent être déjà installées au mur, ce qui te permet de te concentrer sur le fait d'y insérer ta **corde** seulement au passage.

À l'extérieur, tu transporteras normalement tes dégaines, accrochées à ton **harnais**, et tu devras les prendre, une à une, pour les « clipper » à chacun des **points d'ancrage** croisés avant d'y insérer ta **corde**. Cette démarche nécessite un peu plus de manipulation, de concentration et de dextérité.

Lorsque tu grimperas avec des adultes ou avec des plus grands, il pourrait arriver qu'ils installent les dégaines et les laissent en place pour te faciliter la tâche. Ainsi, ton travail serait le même qu'au **gymnase**, soit d'y insérer ta **corde** seulement.

Mais, dans tous les cas, tu ne montes qu'une fois ta position sécurisée!

Je crois que l'apprentissage de cette façon de grimper est un beau **défi** et qu'il faut d'abord et avant tout pratiquer, développer tes forces et apprendre à te faire **confiance** comme à faire **confiance** à la personne qui se trouve au sol, avec un bout de ta **corde**, pour t'assurer.

La technique

La technique, c'est un gros morceau. Les règles de sécurité de base sont, bien entendu, essentielles, mais une fois celles-ci comprises et respectées, tu peux t'amuser à développer toutes sortes d'aptitudes avec l'escalade.

L'escalade permet de mettre au défi ton corps, tes pensées, ta confiance et ta capacité de communiquer. C'est une incroyable façon d'apprendre et de t'améliorer, à ton rythme.

Tu peux notamment apprendre à « lire une voie », c'est-à-dire à observer les prises, le chemin que tu pourrais emprunter pour monter et la meilleure façon pour toi d'y progresser (on peut aussi appeler ça *analyser*).

Choisir le chemin à emprunter

Tu peux ensuite faire travailler tes muscles et ton agilité, car avancer dans une voie exige une certaine force. En fait, il arrive qu'au début le corps fasse beaucoup plus d'efforts, en se crispant (tu peux te sentir tout raide parce que tu as un peu peur ou que tu te sens moins en confiance, tout là-haut).

Puis, pas à pas, les déplacements se font plus stratégiques : tes mouvements s'ajustent au parcours et à la paroi. Plus tu pratiques et expérimentes, plus tu peux comprendre comment te **déplacer** et te **positionner**.

De nombreux mouvements ou trucs peuvent t'être enseignés. Je crois qu'il existe une variété de subtilités (des petites variations) en fonction de ta **grandeur**, de ton **poids** et de ta capacité

physique et mentale (ta **tête** pourrait travailler aussi fort que ton corps).

Approcher une paroi complètement verticale te demandera certaines habiletés alors que te retrouver face à une paroi en angle (ce qu'on appelle un devers) sera différent.

Je n'ai pas encore abordé le sujet, cependant, il est aussi important de te rappeler qu'une fois rendu(e) en haut, il te faudra redescendre. C'est ce qu'on nomme le **rappel**. C'est un moment que j'apprécie beaucoup. Enfin...une fois la première étape exécutée!

Donc, quand le temps est venu de redescendre, tu te prépares à descendre en **rappel**.

Si tu grimpes en moulinette, il te suffira de te placer en position perpendiculaire au mur ou à la paroi, les pieds à plat sur celui-ci (ou celle-ci), comme si tu te couchais sur le dos – ou presque – dans les airs.

Après avoir fait un signe et communiqué à ton assureur que tu es prêt à redescendre, tu pourras faire de petits bonds, avec la **corde** qui s'allongera au fil de ta descente, en appuyant la pointe de tes pieds à la paroi au passage. Cela te permettra de rebondir, de saut en saut, jusqu'en bas. Tu n'as donc qu'à te laisser aller et apprécier ce qui t'entoure… en gardant à l'esprit et à l'œil la paroi!

Le rappel

Si tu grimpes en premier de cordée, le processus est plus complexe : tu devras installer ta corde, au sommet, avec une certaine technique et un certain nœud, pour te permettre de redescendre jusqu'au sol, avant de te mettre en position de **rappel**.

Tes dégaines te seront aussi utiles. Cette démarche n'est pas à prendre à la légère et nécessite un petit cours afin de t'aider à en maîtriser les différentes étapes.

Dans tous les cas, un **équipement adapté** et de **qualité** est nécessaire. Il t'assurera de te sentir bien chaussé, bien assuré et en sécurité. On en retrouve les gymnases d'escalade (en location ou en vente) et dans les boutiques d'équipements sportifs et de plein air. Si tu choisis de te procurer un équipement en ligne, assure-toi de pouvoir l'essayer avant ou de savoir exactement ce dont tu as besoin (il n'est pas facile d'essayer un **harnais** et des **chaussons** virtuellement...ou enfin, pas encore!).

Isabelle

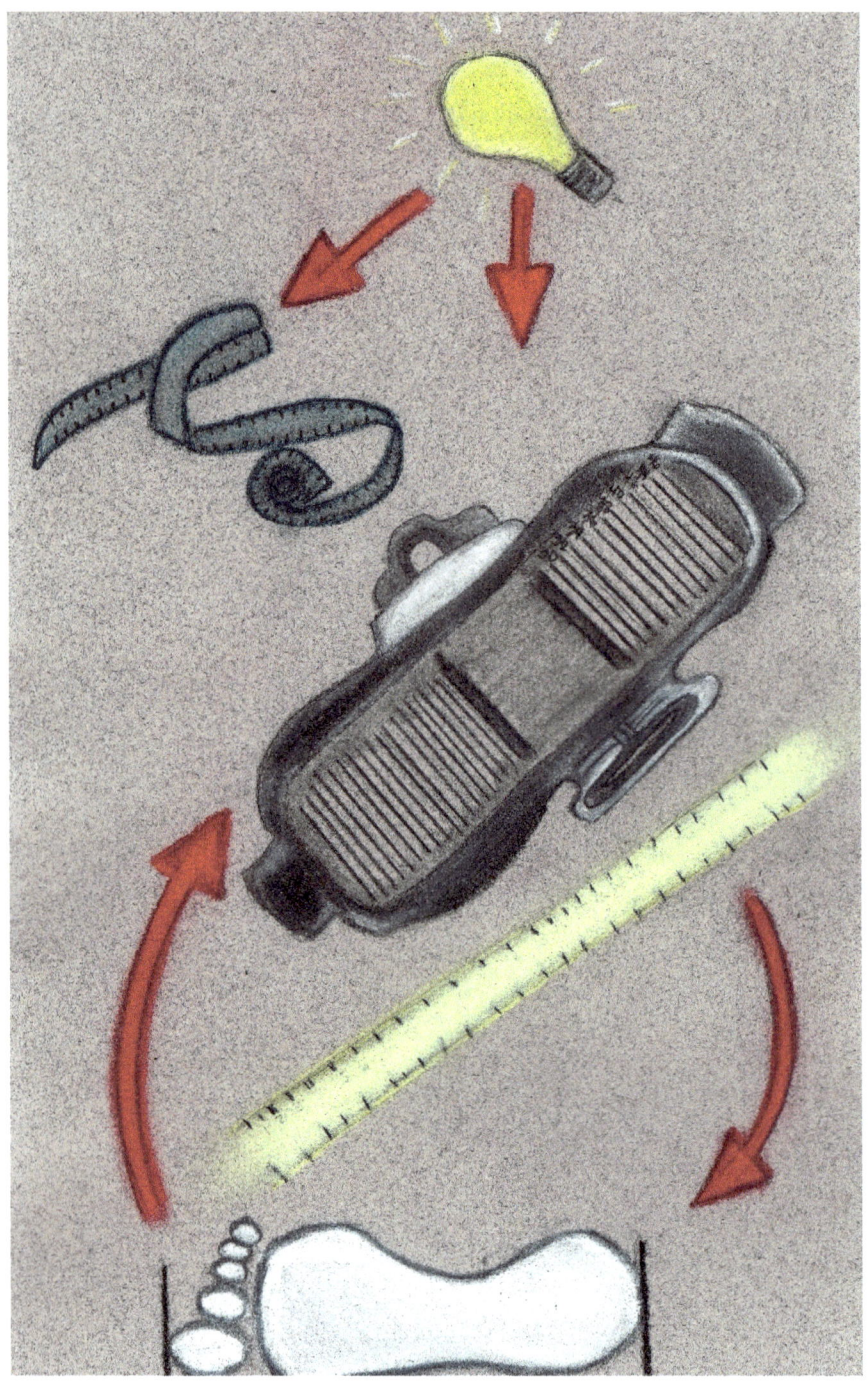

Le bloc

Le **bloc** est une forme d'escalade qui fait de nombreux adeptes depuis quelques années. Pour le pratiquer, les grimpeurs n'ont besoin que de leurs **chaussons d'escalade**, de leur **craie (magnésie)** et 'une volonté de parcourir un rocher (ou une surface synthétique – imitation de rocher) de bas en haut et parfois de gauche à droite ou de droite à gauche. En fait, il pourrait même être possible d'y aller en **zig-zag**, tout dépendant de la lecture du **bloc** (comment on le perçoit).

Dans le monde du **bloc**, les défis à réaliser s'appellent des **problèmes.** Ils ne sont pas nécessairement problématiques; on pourrait les comparer à un casse-tête, mais un casse-tête qui demande une certaine force musculaire et une agilité particulière.

Il faut trouver une façon de grimper le rocher ou la surface en l'observant d'abord. Les **problèmes** se classent selon leur niveau de difficulté, soit de V0 à V12. Plus le nombre grossit, plus la difficulté grandit!

Est-ce que tu grimpes?

Quand tu grimpes sur un **bloc**, tu as normalement étudié le tracé – les *prises* – que tu comptes emprunter pour te soutenir, te propulser et atteindre le **sommet**. Généralement, la hauteur d'un **bloc** est assez réduite comparée à celle d'une voie. Cette hauteur, elle peut te permettre de sauter au sol, recouvert de matelas, une fois rendu en haut. Certains **blocs** peuvent aussi offrir une sortie à l'arrière ou sur le côté, qu'ils soient naturels ou synthétiques.

Qu'est-ce que ça veut dire? Eh bien, que des **blocs**, on en retrouve en **gymnase** comme en **forêt** et même parfois plus près des villes! En gymnase, les **blocs** sont construits à l'aide de matières qui puissent supporter le poids des grimpeurs, des *prises* et l'effet de la gravité

À l'extérieur, les **blocs** sont plutôt de gros rochers sur lesquels se trouvent des aspérités (des petites bosses, du relief) et des modulations (changements de forme, trous, etc.) qui te permettent de t'accrocher, avec tes doigts et avec le bout de tes pieds, pour les gravir. Plus l'inclinaison est grande, plus il te faudra déployer force, agilité et ruse pour y parvenir.

Les grimpeurs apportent des matelas portatifs, communément appelés « **crash pads** ». Ils les transportent comme des sacs à dos, ce qui leur permet de marcher confortablement jusqu'au site choisi.

Le crash pad (matelas portatif)

Faire du **bloc** permet souvent aux grimpeurs de se regroupent pour se donner de nouveaux défis. Cet échange leur permet aussi d'observer comment chacun peut choisir de travailler le **problème** et de s'en inspirer pour tracer son propre parcours.

Comme dans la vie : tu t'inspires de ce que font les gens que tu admires pour avancer!

Pourquoi relever de tels défis?

Pourquoi? C'est une bonne question. Si grimper n'est pas naturellement attirant ou amusant pour toi, il est possible que tu te sois demandé pourquoi certains le font ou à quoi ça sert.

Je crois qu'il existe de nombreuses raisons et **motivations** pour s'y mettre. Certaines personnes font de l'escalade parce des membres de leur famille ou des amis les y ont initiés. D'autres découvrent ce sport dans le cadre d'une activité spéciale ou d'un camp.

Peu importe la façon dont tu y parviens, ce qui

peut t'influencer dans le choix de pratiquer de ce sport pourrait être, par exemple :

- Le désir de dépasser tes peurs,
- L'envie d'expérimenter une façon un peu différente de bouger,
- Être en santé et en forme,
- T'amuser,
- Rencontrer de nouveaux amis (es),
- Relever des défis,
- Te sentir comme Spiderman (Ha, ha!).

Il existe, bien entendu, d'autres raisons et d'autres idées qui nous y invitent. **On ne s'explique pas non plus toujours pourquoi; on le fait, tout simplement.** Et on l'apprécie.

Si tu aimes déjà beaucoup grimper, que ce soit dans les **arbres**, sur un **rocher**, sur une paroi, chez toi ou dans un **gymnase**, tu as peut-être choisi de relever ce genre de défi parce que :

- Ça te fait du bien, parce que ça t'appelle et que tu le sens dans ton corps et dans ton cœur,
- Ça te permet de rire et peut-être de pleurer aussi parfois,
- Ça t'impressionne,
- Tu rêves de grimper partout, très haut et très loin,
- Tes idoles grimpent aussi,
- C'est un moment agréable que tu peux partager avec les tiens.

Comment fait-on pour y arriver?

Je crois qu'un des secrets de l'escalade est **d'être complètement attentif à ce qu'on fait au moment où on le fait.** On peut appeler ça « être dans son corps ».

Il est aussi primordial d'apprendre les techniques appropriées, de développer sa force et son **endurance**, son **agilité** et sa **confiance en soi**. Je l'ai déjà écrit, je sais, mais c'est un énorme cadeau que tu peux te faire, la **confiance en soi**. ! On peut ensuite observer les autres grimpeurs, ce qui permet d'apprendre des **trucs** ou des façons variées de grimper.

Je crois, enfin, que c'est aussi une affaire de **volonté** et de **détermination**. Peu importe la corpulence de chacun (l'apparence du corps, le poids la grandeur), il est possible d'y arriver. Mais il faut vouloir. Et il faut oser.

Certains parlent de ***sortir de sa zone de confort***. Sortir de sa zone de confort, ça implique de faire un choix, de poser une action, etc. d'une façon à laquelle tu n'es pas habitué(e). Eh, bien, je pense que l'escalade y est très propice : c'est un sport qui peut t'amener à te **sentir très fort**, mais aussi **très vulnérable** (fragile), face à la nature, face à toi-même et aux autres.

Ceux qui poussent plus loin

L'escalade peut être un loisir, une passion et même davantage. Il existe d'ailleurs un nombre grandissant de compétitions locales, régionales, provinciales, nationales et internationales!

Ça me fait peur

Il est vrai que grimper peut susciter toutes sortes d'émotions, comme de la peur. Tu pourrais aussi avoir le vertige. Je crois qu'il est important de t'écouter, mais aussi de te dire qu'en étant bien entouré(e), **tu peux y arriver**, une étape, un moment et une prise à la fois. Et tu en seras **fier(fière)**.

Je n'ai pas peur du tout

Alors fonce! Une fois bien équipé(e), sécurisé(e) et en action, tu accompliras certainement quelque chose dont tu seras aussi très **fier(e)**.

Jouer et s'entrainer

L'escalade, c'est une belle opportunité de bouger, de s'amuser et d'apprendre aussi. Que tu choisisses de grimper une voie ou un bloc, d'aller à l'extérieur ou à l'intérieur, **tu t'actives**! Et tu sais, nous, les êtres humains, les petits comme les grands, on en a bien besoin!

Alors pourquoi ne pas s'amuser un peu - ou beaucoup - à faire le singe ? La vue d'en haut, est souvent plus large. Le jeu en vaut la chandelle!

On grimpe?!

À propos de l'auteure

Isabelle est une artiste, une auteure, une sportive et aussi une maman à l'imagination débordante. Elle aime les défis autant qu'elle adore créer. Son grand plaisir : savourer la vie!

Autres titres parus :

- **Pourquoi cours-tu?**
  *Collection **Sports**, volume 1*
- **Une maison pour toujours**
- **Est-ce que tu m'aimes vraiment?**
- **Et si je brillais?**

Isabelle Bernier

isabellebernierconnexion@gmail.com

Magog-Orford, Québec

www.ingramcontent.com/pod-product-compliance
Lightning Source LLC
Chambersburg PA
CBHW041812040426
42450CB00001B/15